Erdkunde – dein neues Fach

1 Im Fach Erdkunde lernst du viel Interessantes kennen. Folgende Abbildungen zeigen dir hierzu Beispiele. Finde jeweils den Begriff und löse damit das Kreuzworträtsel.

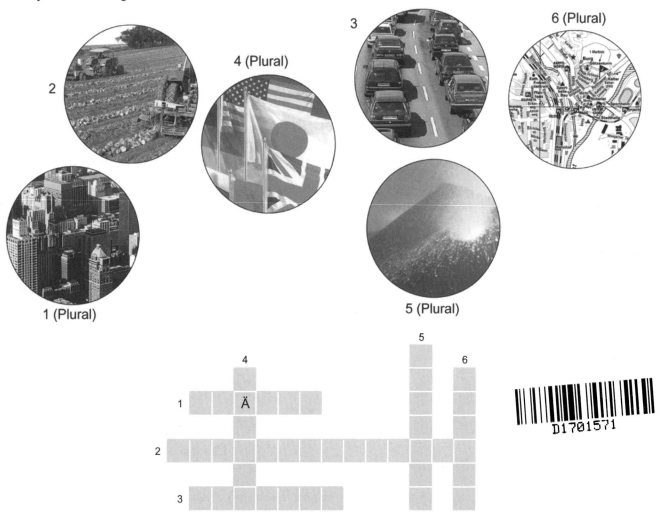

2 Wo leben die Kinder? Vervollständige mithilfe deines Schülerbuches die Tabelle.

Bild-Nr. im Buch	Land	Besonderheiten des Landes	Kontinent
2		Land mit dem größten Regenwaldgebiet der Erde	
3	Russland		
4			Australien
5			
6			
7			

Orientieren in der Stadt

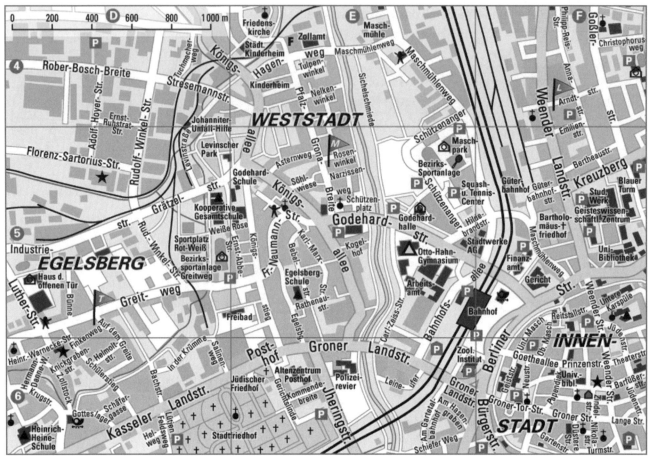

Stadtplan Göttingen

 Hier wohnen Timo und Marc

Marc und Timo wohnen in Göttingen. In der großen Pause schmieden sie einen Plan. Sie wollen nachmittags ins Freibad in der Nähe des Königsstiegs gehen. Nachdem beide ihre Hausaufgaben erledigt haben, gehen sie jeweils von Zuhause aus los.

1 Benenne anhand des Stadtplans die Straßen, die Marc geht.

2 Timo soll vorher noch ein Paket zur Post in der Krugstraße bringen.
Beschreibe seinen Weg über die Post zum Freibad (nur Straßennamen).

3 In welchem Planquadrat liegen folgende
a) Gebäude?
b) Straßen und Plätze?

Zollamt		Polizeirevier	
Gericht		Godehardhalle	
Friedenskirche		Güterbahnhof	

Fr.-Naumann-Str.		Stadtfriedhof	
Tuchmacherweg		Schützenplatz	
Florenz-Sartorius-Str.		Sportplatz Rot-Weiß	

Entfernungen messen

1 Kreuze die richtigen Aussagen an.

Auf Karten ist eine Landschaft kleiner als in Wirklichkeit dargestellt.
Der Maßstab gibt an, wievielmal die Wirklichkeit verkleinert wurde.
Maßstab 1:50 000 bedeutet, auf der Karte ist alles 100 000 mal kleiner abgebildet als in der Natur.
Je größer die Zahl hinter dem Doppelpunkt, desto kleiner ist alles abgebildet.
Alle Karten haben die gleichen Maßstäbe.

2 Nimm deinen Atlas zur Hand und suche die Niedersachsenkarte.
Fertige zur Karte eine Maßstabsleiste an und ermittle die Entfernung zwischen den unten angegebenen Städten (Luftlinie).

Celle – Hannover	km	Wilhelmshaven – Uelzen	km
Göttingen – Braunschweig	km	Nienburg – Vechta	km
Osnabrück – Bassum	km	Lüneburg – Norden	km
Gifhorn – Meppen	km	Hildesheim – Nordhorn	km

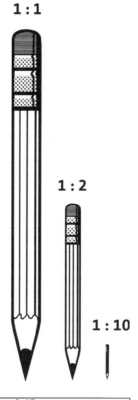

3 Fertige eine Maßstabsleiste an und bestimme die Entfernungen zwischen folgenden Städten (Luftlinie). Runde beim Messen auf ganze Zentimeter.

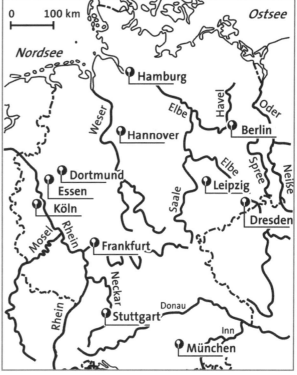

Strecke (Luftlinie)	cm in der Karte	km in der Natur
Köln – Dortmund		
Hannover – Leipzig		
Stuttgart – Hamburg		
Essen – Dresden		
Stuttgart – München		
München – Hamburg		
Deutschland: Nord-Süd-Erstreckung		
Deutschland: Ost-West-Erstreckung		

Höhenlinien und Höhenschichten

1 Fülle den Lückentext mit folgenden Wörtern aus. Benutze dazu dein Schülerbuch
flach, steil, Höhenschichten, Meeresspiegel, Dreieck, Meterzahl, Höhenlinien.

_____ verbinden Punkte, die in gleicher Höhe über dem _____ liegen.

Liegen die Höhenlinien dicht beieinander, so ist das Gelände _____, liegen sie weit auseinander,

so ist es _____. Malt man die Flächen zwischen zwei Höhenlinien farbig aus, so erhält man eine

_____ - Karte. Wichtige Höhen werden durch einen Punkt oder ein _____

gekennzeichnet und mit der genauen _____ versehen.

2 Male die Höhenschichten farbig.

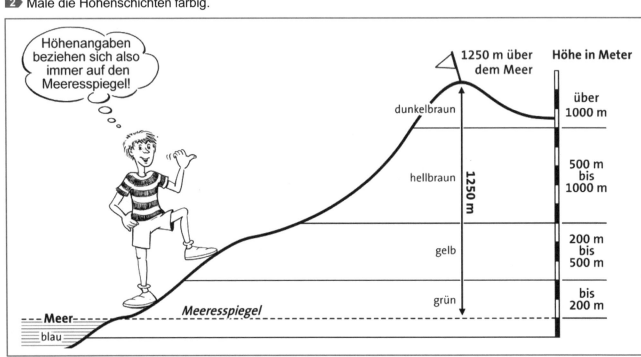

3 Ordne die Berge (1–3) den Höhenliniendarstellungen (A–C) zu.

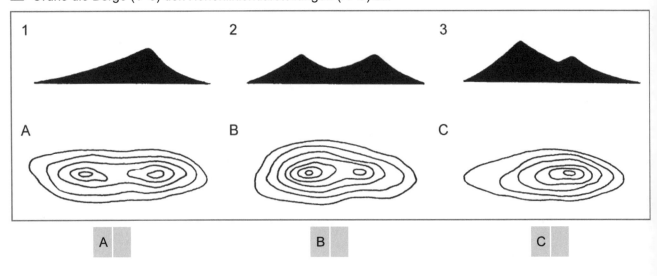

Planet Erde

1 Kennst du die acht Planeten des Sonnensystems? Nenne ihre Namen.

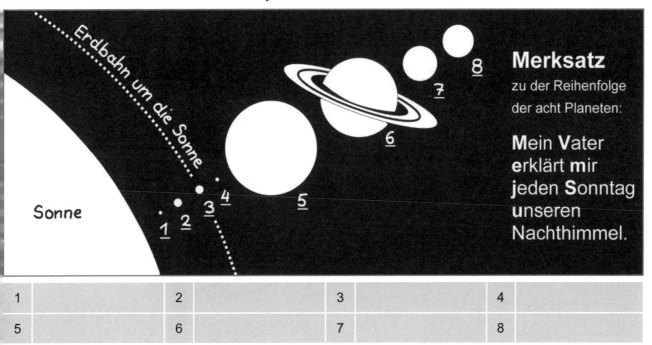

Merksatz zu der Reihenfolge der acht Planeten:

Mein **V**ater **e**rklärt **m**ir **j**eden **S**onntag **u**nseren **N**achthimmel.

1	2	3	4
5	6	7	8

2 Hier sind alle wichtigen Angaben zu den Planeten durcheinander geraten.
Ordne sie richtig in die Tabelle ein. Arbeite dazu mit der Zeichnung aus Aufgabe 1. Wenn du Hilfe brauchst, hilft dir dein Schulbuch auf S. 33.

Neptun	778 000 000	49 528	12 757	228 000 000
12 100	4 498 000 000	108 000 000	149 000 000	Saturn
51 118	120	Erde	Venus	120 534
4 880	58 000 000	142 985	1 429 000 000	Uranus
Mars	Jupiter	Merkur	6 794	2 871 000 000

Planetenreihenfolge von der Sonne aus	Durchmesser in km	Abstand von der Sonne in km

Der Globus – ein Modell der Erde

1 Beschrifte den Globus. Benutze dazu folgende Begriffe:
Äquator, Nordpol, Südpol, Erdachse, Nordhalbkugel, Südhalbkugel.

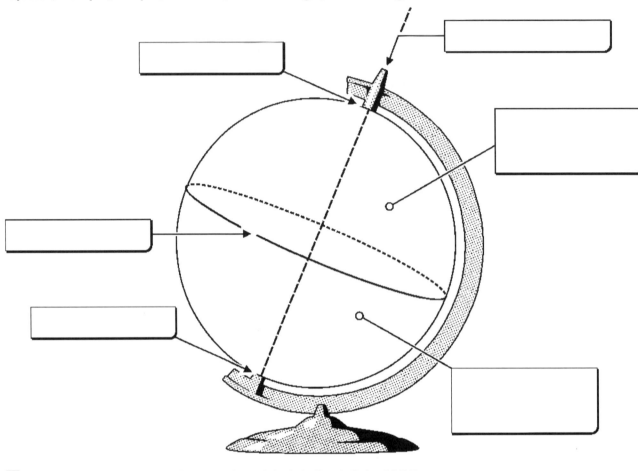

2 Fülle den Lückentext aus. Benutze dazu dein Schulbuch Seite 36/37.

Das verkleinerte Modell der Erde nennt man _____. Der _____

teilt die Erde in eine _____ halbkugel und eine _____ halbkugel. Die gedachte Linie zwischen

Nordpol und Südpol ist die _____.

Vom Sonnenlicht wir immer nur eine Erdhälfte beleuchtet. Dort ist dann _____, auf der anderen

Hälfte ist _____. Die Erde dreht sich um ihre _____ (=Erdrotation), und zwar von

_____ nach _____. Für die Umdrehung benötigt sie _____ Stunden.

Durch die Erddrehung ändert sich die Verteilung von Tag und Nacht auf der Erdoberfläche ständig.

3 Warum sieht man bei einem Schiff am Horizont zuerst die Spitze?

_____

_____

_____

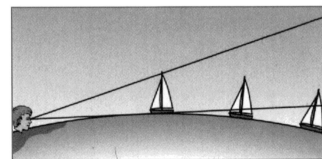

Das Gradnetz der Erde

1 Ordne den Ziffern Begriffe zu. Male die Nordhalbkugel farbig aus.

1	
2	
3	
4	
5	

2 Fülle den Lückentext aus.

Die Linien vom Nordpol zum _____ heißen

_____ oder _____.

Der _____ teilt die Erde in eine Nord-

halbkugel und eine _____.

Linien, die parallel zum Äquator liegen, heißen

_____. _____ und

_____ bilden das Gradnetz der Erde.

3 Bestimme mit Hilfe des Gradnetzes und des Atlas die Lage der Städte C–F auf der Erdkugel, die nah an den Schnittpunkten der 10 Grad-Breitenkreise mit den 10 Grad-Längenkreisen liegen.
Die Städte A und B sind als Beispiele schon vorgegeben:

Stadt	liegt bei	Lösung
A	40° N und 50° O (sprich 40 Grad Nord und 50 Grad Ost)	Baku
B	30° S und 50° W	Porto Alegre
C		
D		
E		
F		

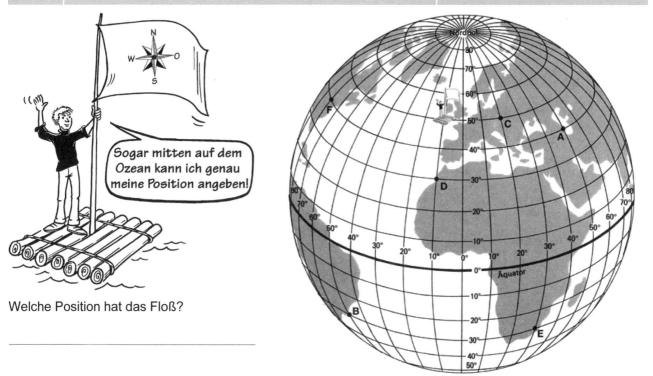

Welche Position hat das Floß?

_____

Wind – bewegte Luft

1

a) Wie ensteht Wind?

_____

_____

_____

b) Wie wird ein Wind benannt?

_____

_____

c) Wie wird die Stärke des Windes angegeben?

_____

_____

d) Welche Windstärke ist angezeigt?

_____   _____   _____

2 Beobachte zehn Tage lang den Wind und trage deine Beobachtungen in der Tabelle ein.

Datum	Windstärke	Beobachtungen

Landgewinnung und Küstenschutz

1 Deiche schützen das Küstenland.

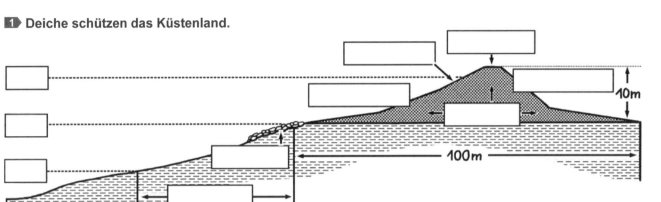

Trage folgende Begriffe in die Zeichnung ein:
Außenböschung, Deichfuß, Deichkrone, Innenböschung, Marschboden, Sandkern, mNw, mHw, HwS, Wattfläche.

mNw = mittleres Niedrigwasser
mHw = mittleres Hochwasser
HwS = Hochwasser bei einer schweren Sturmflut

2 Landgewinnung an der Küste – schreibe die Begriffe richtig hinter die Ziffern der Legende:
Deich, Schlick, Polder, Siel, Neuland, Lahnungen, Grüppen, „Beete"

1	
2	
3	
4	
5	
6	
7	
8	

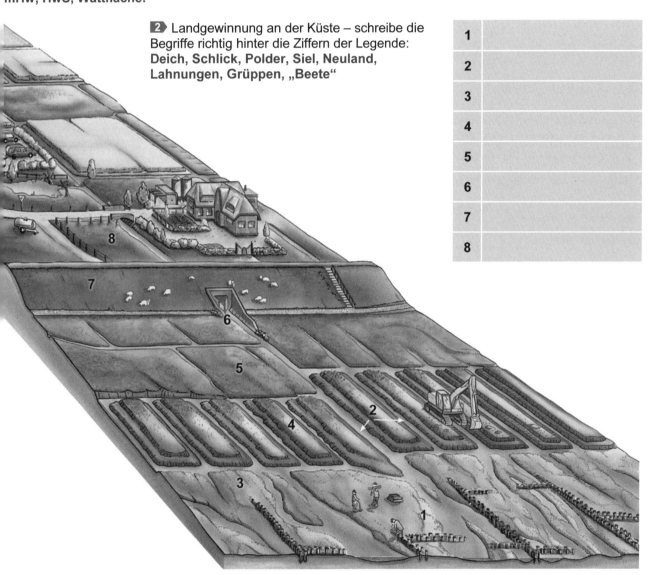

Im Eiszeitalter geprägt

1 Schaue dir die Landschaftsskizze genau an, gestalte sie farbig und fülle dann die Tabelle unten aus. Stelle die Ziffern 1–8 in die Kästchen und schreibe die Begriffe daneben.

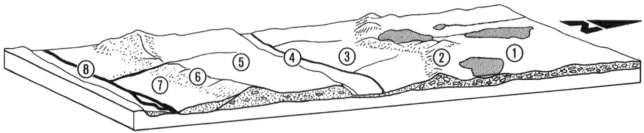

Ältere eiszeitliche Formen				Jüngere eiszeitliche Formen	
		→ Ablagerungen des Gletschereises ←			
		→ Ablagerungen des Schmelzwassers ←			

2 Ergänze den Lückentext.

Die Landschaften Nordeutschlands sind im _____ geprägt worden. Die höchsten Erhebungen

stellen _____ dar. Sie wurden durch das _____ abgelagert und geformt.

In ihnen kommen häufig große Gesteinsblöcke vor, so genannte _____. Auf den

_____ Böden ist heute _____ und _____ auf den

Hügelketten der _____ dagegen _____wald verbreitet.

Die welligen Kuppen der _____ sind ebenfalls durch _____

entstanden. Sie werden überwiegend für den Ackerbau genutzt. Südlich der Endmoränen erstrecken sich

ausgedehnte Sandablagerungen, die als _____ bezeichnet werden. Der Sand wurde vom

_____ abgelagert, das in breiten Niederungen, den _____,

zum Meer abfloss.

Vom Meer zu den Alpen

Arbeite mit dem Schülerbuch und dem Alexander Schulatlas, Karte: Deutschland: Höhenschichten.

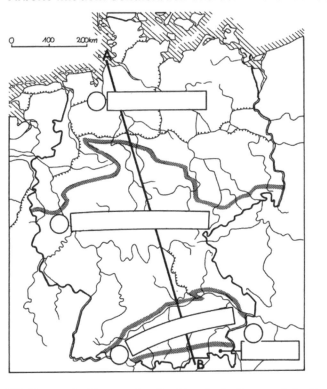

1 Großlandschaften in Deutschland
Trage bei den Ziffern 1–4 und in der Karte die Namen der Großlandschaften ein.

1	
2	
3	
4	

2 Gestalte die Karte und das Profil farbig.

In der Karte		Im Profil
Tiefland	grün	bis 200m
Mittelgebirgsland	hellbraun	bis 1500m
Alpenvorland	braun	500 bis 1500m
Alpen	dunkelbraun	Über 1500m

3 Trage die Namen der Großlandschaften auch in die Kästchen über dem Profil ein. Ermittle mithilfe der Atlaskarte die Entfernung von A nach B und trage sie unter dem Profil ein.

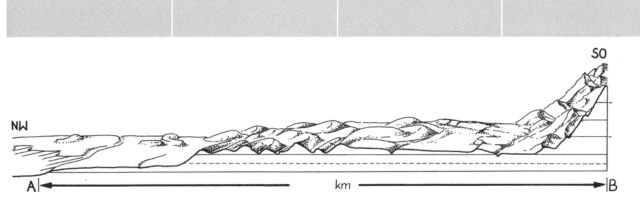

4 Ordne den Fotos die richtigen Namen der vier Großlandschaften zu.

Deutschland: 16 Bundesländer und 9 Nachbarstaaten

1 Arbeite mit dem Schülerbuch Seite 88 und dem Schulatlas. Welche Nachbarstaaten verbergen sich hinter den Autokennzeichen?

Norden _____

Osten _____ _____

Süden _____ _____

Westen _____ _____

_____ _____

2 Übertrage die Großbuchstaben für die Bundesländer in die Karte.
Berlin (BE), Hamburg (HH), Bremen (HB), Schleswig-Holstein (SH), Mecklenburg-Vorpommern (MV), Niedersachsen (NI), Brandenburg (BB), Sachsen-Anhalt (ST), Nordrhein-Westfalen (NW), Hessen (HE), Rheinland-Pfalz (RP), Saarland (SL), Sachsen (SN), Baden-Württemberg (BW), Bayern (BY), Thüringen (TH)

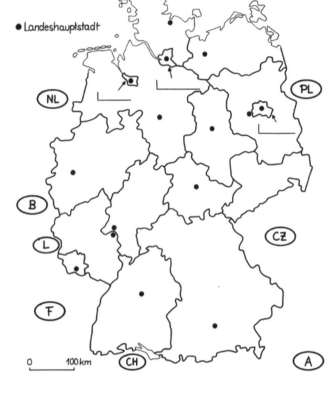

3 Finde die richtige Lösung.

1. Hauptstadt von Hessen
2. Hauptstadt von Baden-Württemberg
3. Hauptstadt von Niedersachsen
4. Gehört zu Württemberg
5. Größtes Bundesland
6. Gehört zu Holstein
7. Größter Stadtstaat
8. Kleinstes Bundesland (ohne Stadtstaaten)
9. Hauptstadt von Bayern
10. Bundesland mit 11 Buchstaben
11. Grenzt im Norden an Mecklenburg-Vorpommern
12. Nördlichster Stadtstaat
13. Bundesland südlich von Brandenburg
14. Hauptstadt von Mecklenburg-Vorpommern
15. Bundesland westlich von Thüringen
16. Hauptstadt von Sachsen-Anhalt
17. Bundesland mit der Hauptstadt Erfurt

Lösung: _____

Ackerbau in den Börden

1 Im Buchstabensalat sind senkrecht und waagerecht 21 Begriffe zur Landwirtschaft in der Börde versteckt.
Markiere sie mit einem Farbstift.

A	W	B	Z	B	R	O	T	G	E	T	R	E	I	D	E	R	B	B
G	E	L	L	Ö	S	S	H	I	T	Ö	B	T	N	V	R	H	R	R
M	I	N	E	R	A	L	D	Ü	N	G	E	R	T	B	N	J	Ö	Ö
E	Z	F	L	D	A	I	Z	D	K	E	Q	B	E	H	T	A	H	T
C	E	R	R	E	T	R	Ü	X	A	R	S	V	N	I	E	K	A	C
H	N	U	B	T	G	E	N	O	S	S	E	N	S	C	H	A	F	T
A	F	C	Ü	Z	U	C	K	E	R	T	Z	L	I	G	B	F	E	J
N	Ä	H	R	S	T	O	F	F	E	E	J	O	V	H	V	C	R	U
I	J	T	O	S	P	E	Z	I	A	L	I	S	I	E	R	U	N	G
S	U	F	G	W	H	J	D	Y	A	A	C	K	E	R	B	A	U	D
I	O	O	G	Ä	U	L	A	N	D	S	C	H	A	F	T	A	H	E
E	P	L	E	B	M	A	N	B	A	U	F	R	U	C	H	T	J	R
R	L	G	N	K	R	Ü	B	E	N	S	C	H	N	I	T	Z	E	L
U	H	E	F	M	M	G	R	Ü	N	D	Ü	N	G	U	N	G	B	C
N	F	G	I	S	X	H	O	F	D	Y	Q	T	R	Z	E	B	D	V
G	F	H	Z	A	L	A	N	D	W	I	R	T	S	C	H	A	F	T

2 Begründe, warum überwiegend Weizen und Zuckerrüben angebaut werden.

_____

_____

_____

_____

3
a) Ordne die Begriffe den einzelnen Arbeitsschritten der Zuckerrübenverarbeitung zu.
b) Trage sie richtig in die Kästen ein. Schlage unbekannte Begriffe in einem Lexikon nach.

Begriffe:
loser Zucker, Rübenschnitzel, abgepackter Zucker, Silage, Supermarkt, Süßigkeiten, Raffinade, Zuckerfabrik, Gelierzucker, Zuckerverarbeitende Industrie, Nahrungsmittelindustrie, Puderzucker, Rübenreinigung, Ernte, Großhandel

Produktion		

↓ Transport ↓

Verarbeitung	

↓ Transport ↓

Weiterverarbeitung	

↓ Transport ↓

Verkauf	

Landwirtschaft in Deutschland

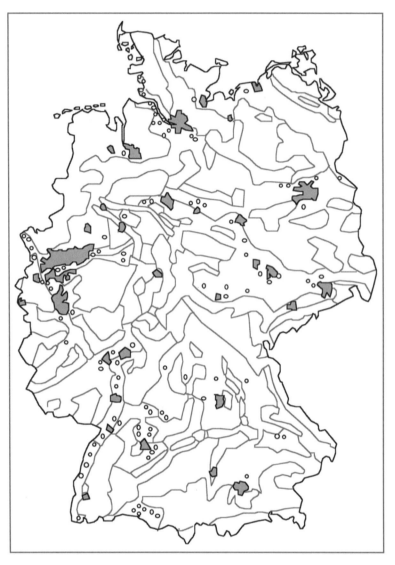

1 Fertige eine Landwirtschaftskarte von Deutschland an.
Verwende dazu die Bodennutzungskarte im Schulbuch S. 119. Die großen Siedlungsflächen sind bereits eingetragen. Male die Flächen der Karte mit folgenden Farben aus:
hellgrün: Gebiete mit viel Grünland,
orange: Gebiete mit Ackerbau auf guten Böden (z.B. Börden),
hellbraun: Ackerbau trotz schlechter Böden,
rot: Gebiete mit Sonderkulturen – die Kreise sind schon eingezeichnet,
dunkelgrün: Wälder.

2 Nenne günstige und ungünstige natürliche Bedingungen für den Ackerbau.

günstig:

_____

_____

ungünstig:

_____

_____

_____

3 Sonderkulturen:
a) Nenne die vier wichtigsten Sonderkulturen in Deutschland.

_____

b) Warum wird Wein nur im Süden von Deutschland angebaut?

_____

_____

4 Löse das Rätsel.

Bester Ackerboden		Wichtigstes Brotgetreide	
So werden Wein, Hopfen, Obst, Tabak genannt		Aus diesem Anbauprodukt wird Popcorn hergestellt	
Gebiete, in denen sehr gute Erträge erzielt werden		Wichtigste Rübenart	

Erhebungsbogen zum Pendlerverkehr

Erhebungsbogen zum Pendlerverkehr für ländliche Gebiete
Wo arbeiten deine Eltern, Nachbarn und Bekannten? Trage in die Tabelle ein:

Name des Auspendlers (evtl. auch noch Beruf)	Zielort	hauptsächlich benutztes Verkehrsmittel (kreuze an)				
		🚲	🚗	🚆	🚌	🏍

Erhebungsbogen zum Pendlerverkehr für ländliche Gebiete
Wo arbeiten deine Eltern, Nachbarn und Bekannten? Trage in die Tabelle ein:

Name des Einpendlers (evtl. auch noch Beruf)	Zielort	hauptsächlich benutztes Verkehrsmittel (kreuze an)				
		🚲	🚗	🚆	🚌	🏍

Verkehrsknoten Frankfurt

Die Karte zeigt dir die Verkehrswege im Großraum Frankfurt.

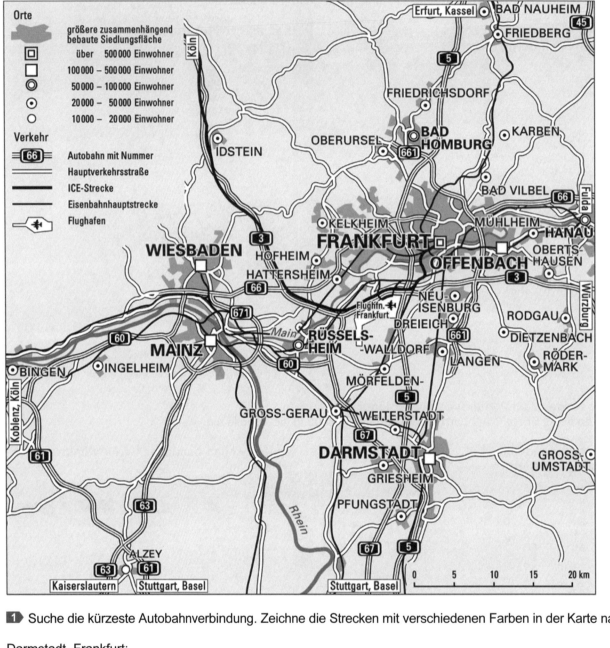

1 Suche die kürzeste Autobahnverbindung. Zeichne die Strecken mit verschiedenen Farben in der Karte nach.

Darmstadt–Frankfurt: _____

Rüsselsheim–Bad Homburg: _____

Alzey–Hattersheim: _____

2 Welche Verkehrswege kann man außer Autobahnen nutzen, um den Frankfurter Flughafen zu erreichen?

_____

3 Erläutere, weshalb gerade Frankfurt ein derart wichtiger Verkehrsknoten geworden ist.

Bäche untersuchen

1 Stelle die Eigenschaften naturferner und naturnaher Bäche gegenüber. Text und Materialien im Schülerbuch S. 146–149 helfen.

P. Köhler, Klettbach

P. Köhler, Klettbach

	Fließgeschwindigkeit	
	Wassertiefe	
	Verlauf	
	Bachsohle	
	Uferbeschaffenheit	
	Vegetation	
	Nutzung der Gewässeraue	
	Gesamteindruck	
	Bedeutung für die Natur	

Wohin mit unserem Müll?

1 Hier ist etwas durcheinander geraten.
Kannst du die Sätze ordnen, indem du Nummern in der richtigen Reihenfolge davor schreibst?

	a) Es entsteht eine Art „Erde", diese wird auf die Zentraldeponie gefahren und dort abgelagert.
	b) Die großen Abfallstücke werden auf einer Siebanlage herausgefiltert.
	c) Die kleinen Abfallstücke verrotten in der Rotte und werden von einer Maschine regelmäßig umgegraben.
	d) Entsorgungsfahrzeuge holen den Müll ab und fahren ihn zum Entsorgungszentrum.
	e) Das Entsorgungsfahrzeug wird auf einer großen Waage gewogen.
	Der Müll wird in den Haushalten in der Restabfalltonne 4 Wochen lang gesammelt.
	Nach 8 Wochen kommt der Abfall aus der Rotte in eine weitere Halle, dort bleibt er wieder mehrere Wochen lang liegen.

2 Kannst du den Müll in die richtigen Kästen einordnen?
Apfelschalen, Batterien, Lack, Kaffeesatz, Teebeutel, Milchkarton, Joghurtbecher, Kartoffelschalen, Katzenfutterdose, Taschentuch, Wattestäbchen, Ananasdose, Kakaotüte, Windel

3 Finde die Begriffe rund um den Müll und markiere sie farbig im Kastenrätsel. Die Begriffe stehen waagerecht, senkrecht und diagonal im Kasten!
Recycling, Restabfalltonne, Biotonne, Hausmüll, Sondermüll, Entsorgungsfahrzeug, RABA, Rotte, Waage, Zentraldeponie, Kläranlage

H	R	E	E	Q	K	R	A	B	A	K	S	R	W	I	Q	F	E	P
C	E	L	X	G	U	J	H	X	Q	Q	L	C	O	A	O	S	X	V
A	C	O	X	L	R	H	A	U	S	M	Ü	L	L	T	A	N	N	M
J	Y	K	H	B	G	Z	B	K	J	M	E	M	G	Q	T	G	O	E
Y	C	K	L	Ä	R	A	N	L	A	G	E	R	N	K	C	E	E	U
L	L	T	P	V	A	S	O	N	D	E	R	M	Ü	L	L	P	N	F
B	I	O	T	O	N	N	E	B	C	I	D	A	N	R	O	V	C	E
E	N	T	S	O	R	G	U	N	G	S	F	A	H	R	Z	E	U	G
R	G	L	R	E	S	T	A	B	F	A	L	L	T	O	N	N	E	J

Holzwirtschaft im Nadelwald

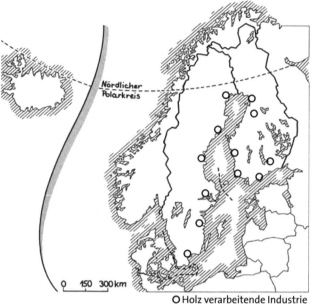

O Holz verarbeitende Industrie

1 Holz verarbeitende Industrie
a) Zeichne die Standorte der Holz verarbeitenden Industrie in der Karte rot nach.
b) Weshalb liegen die Standorte fast alle an der Küste?

_____
_____
_____
_____

2 Trage in das unten stehende Produktionsschema eines Holzindustriebetriebes in Finnland folgende Begriffe an der richtigen Stelle ein:
Karton, Hackschnitzelherstellung, Kraftwerk, Zeitungs- und Telefonbuchpapier, Entrindung, Zellstoff, Sägerei

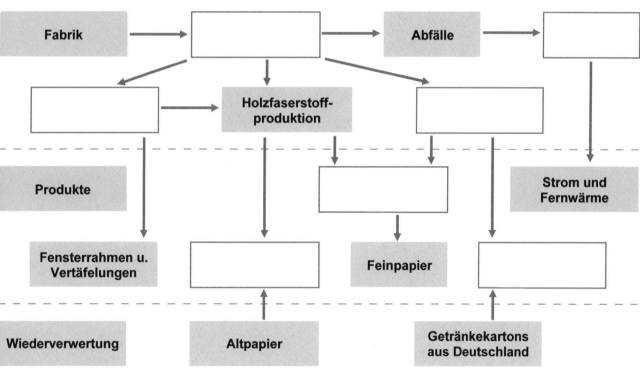

3 Ergänze den Text „Nachhaltige Forstwirtschaft". Für eine nachhaltige Forstwirtschaft gelten folgende Regeln:

1. Pro Jahr darf nicht mehr Holz geschlagen (geerntet) werden als _____.

2. Die Rodung von großen Flächen (=Kahlschlag) ist _____.

3. Bei den Waldarbeiten müssen _____ möglichst geschont werden.

4. Beim Bäume fällen und neu pflanzen ist darauf zu achten, dass kein „eintöniger", sondern ein

„durchmischter" Wald entsteht. Hierzu gehört : _____

Europa: Topografischer Überblick

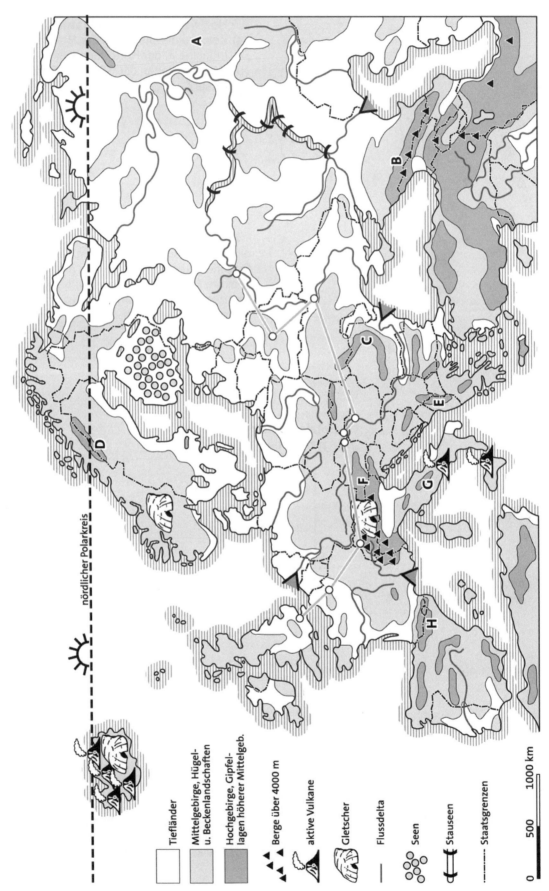

Europa: Topografischer Überblick

1 Pete aus London will in den Sommerferien mit dem Zug eine Europareise durchführen. Ziel soll ein Besuch bei seinem Freund Aljoscha in Moskau sein. Zeichne die Strecke farbig nach und schreibe alle durchquerten Länder und deren Hauptstädte auf.

Land	Hauptstadt
	London

Land	Hauptstadt
	Moskau

2 In welchen Ländern gibt es Gletscher?

3 Nenne die Länder mit aktiven Vulkanen.

4 Welche Flüsse münden in einem Delta ins Meer?

5 Gib die Länder an, in denen über 4000m hohe Berge liegen.

6 Wie heißt das Land mit den meisten Seen in Europa?

7 Welcher Fluss in Europa ist zu mehreren großen Stauseen aufgestaut worden?

8 Welche Länder liegen z.T. nördlich des Polarkreises?

9 In den Silben sind 5 Rekorde Europas versteckt. Finde sie und trage den Rekord an der richtigen Stelle ein.
al – do – ga – ga – kap – kau – la – mos – nord – pen – see – wol

10 Hinter den Buchstaben A bis H verstecken sich Gebirge.

Name	Rekord
	nördlichster Punkt
	längster Fluss
	größte Stadt
	größtes Gebirge

A	
B	
C	
D	
E	
F	
G	
H	

Tour de France

1 Arbeite mit deinem Atlas.
a) Färbe die französische Flagge mit den richtigen Farben ein.
b) Zeichne in der Karte mit rotem Farbstift die Grenzen Frankreichs ein.
c) Trage in die ovalen Schilder die Kfz-Nationalitätskennzeichen der umliegenden Länder ein.
d) Schreibe in die Kästchen die Namen der Meere oder Meeresteile.
e) Welcher der folgenden Flüsse (a–d) ist der Rhein, die Rhône, die Loire und die Seine? Zeichne den Lauf der Flüsse blau ein.

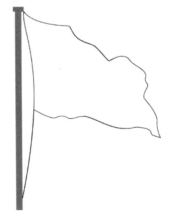

der Rhein	die Rhône	die Loire	die Seine

f) Welche Nummern haben folgende Städte:

Nantes	Brest	Clermont-Ferrand	Le Havre
Lille	Lyon	Marseille	Bordeaux
Nizza	Paris	Straßburg	Toulouse

g) Färbe mit braunem Farbstift folgende Gebirge: Alpen, Vogesen, Jura, Zentralmassiv und Pyrenäen und beschrifte sie in der Karte.

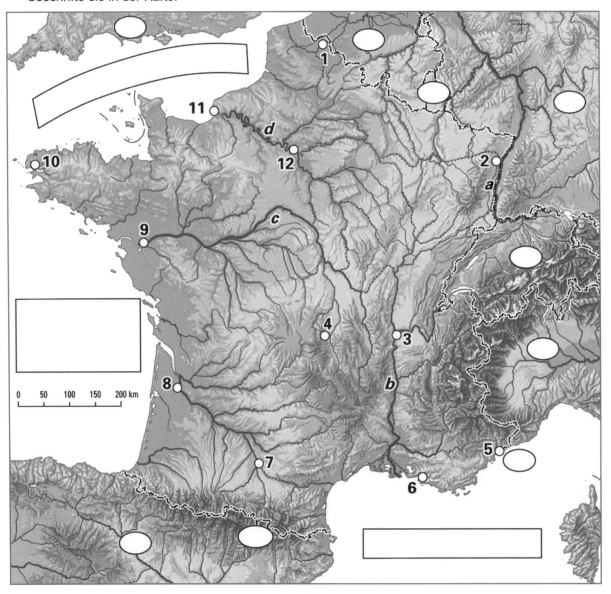

Arktis und Antarktis

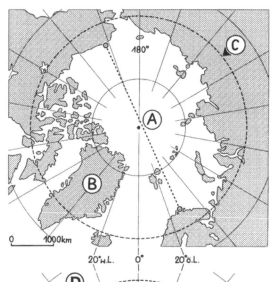

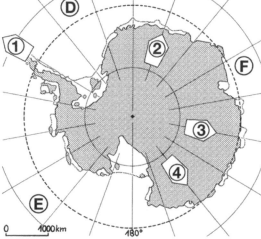

1 Orientierung in der Arktis, arbeite mit dem Atlas.
a) Bezeichne den Ozean und die größte Insel der Arktis.

A	B

b) Nenne die drei Länder mit dem flächenmäßig größten Anteil an der Arktis.

_____

c) Zeichne den nördlichen Polarkreis © rot nach und bestimme seinen Durchmesser.

d) Ermittle die kürzeste Verbindung zwischen Skandinavien und Alaska.

_____ km   _____ km

2 Orientierung in der Antarktis, arbeite mit dem Atlas.
a) Beschrifte die Meridiane der Karte mit den richtigen Gradzahlen.
b) Welche Kontinente erreichst du bei einem Flug in Richtung der eingetragenen Pfeile 1 bis 4 zuerst?

1		3	
2		4	

c) Bezeichne die drei Weltmeere.

D	
E	
F	

d) Gib die größte Ausdehnung der Antarktis an.

_____ km

e) Zeichne den südlichen Polarkreis rot nach.
f) Färbe das Schelfeis hellblau.

Warum fressen die Eisbären die Pinguine nicht?

3
a) Arbeite mit dem Atlas. Trage die Begriffe **Südpol, Indischer Ozean** und **deutsche Antarktisstation** richtig in die Profilzeichnung ein.
b) Wie tief können in der Antarktis Eiskerne erbohrt werden?

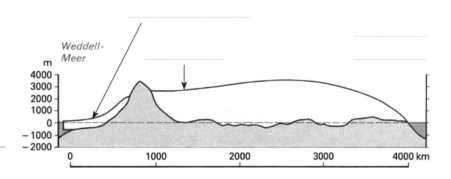

In der Wüste

1 Trage in die Tabelle und in die Abbildung die richtigen Begriffe ein und male die drei Wüstenarten in der Abbildung nach der Zeichnung und den Fotos in deinem Schülerbuch Seite 188/189 verschieden farbig an.

	Art der Wüste		
arabisch			

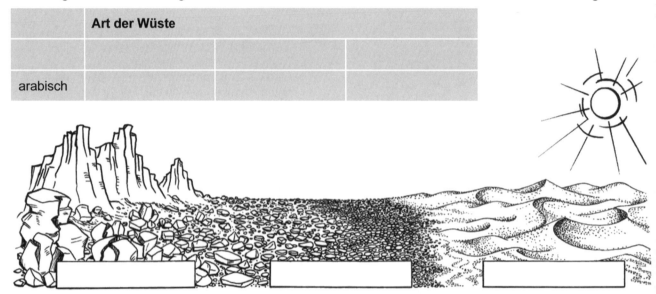

2 Felsen zerplatzen in der Wüste!
Du kannst diesen Vorgang in einem einfachen Experiment nachstellen.

Material:
zwei Kochtöpfe, Wärmequelle (Küchenherd), Eiswürfel, Grill- oder Gebäckzange, Wasser und Steine

Versuchsdurchführung:
1. Bringe in einem Kochtopf etwa 1–2 Liter Wasser zum Sieden.
2. Gib in einen zweiten Kochtopf viele Eiswürfel und ebenfalls 1–2 Liter Wasser dazu.
3. Tauche einen Stein mit der Zange abwechselnd etwa eine Minute in das siedende Wasser und dann in das Eiswasser. Wiederhole diesen Vorgang mehrmals.

(**Vorsicht** bei dem kochenden Wasser! Komme mit deiner Hand nicht zu tief, da auch der heiße Dampf schon zu Verbrennungen führen kann!)

Schreibe deine Beobachtungen auf.

Versuchsaufbau

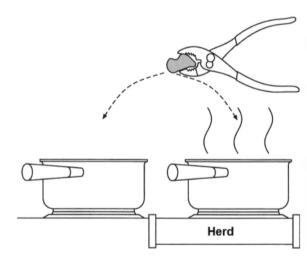

Erkläre den Versuch.